Chercheur sur la Loi d'Attraction

Christophe Pank

«Nous sommes des maîtres dans l'attraction de nos vies, seulement nous l'oublions.»

Sommaire

Introduction

La loi de l'attraction est une dynamique de développement personnel qui a été mise en avant ces dernières années au travers d'un livre et d'un film : le Secret.
Vous pouvez trouver facilement ces derniers sur la toile.

Il est certain que nous sommes dans un monde de prises de conscience. De nombreuses personnes ne sont pas heureuses et veulent changer des choses dans leur vie.

Beaucoup estime que *'le Secret'* ne met en avant que la notion matérielle du bonheur. Souvenez-vous que ce film a pour **but de se vendre et de faire de l'argent.** En plus pour beaucoup l'abondance matérielle est un véritable objectif.

Cependant, nous pouvons utiliser ce concept d'attraction pour améliorer notre vie.

A mes yeux, la priorité pour devenir un maître de cette technique, est de faire un chemin développement personnel.

A la fin de cet ouvrage, vous trouverez un e-book que j'ai écrit pour les néophytes. Il pourra vous aider à débuter un travail sur vous, afin de pleinement utiliser votre pouvoir d'attraction.

Ce livre a pour but de vous proposer des réflexions sur différents éléments de la loi de l'attraction. Chaque chapitre est une pensée, un conseil, ou un exercice. Prenez seulement ce qui est bon pour vous.

Chapitre 1 : Et si on s'attirait soi même...

Nous sommes nombreux à souhaiter, de l'argent, de la reconnaissance et de l'amour. Nous aimerions attirer tout cela vers nous. C'est un merveilleux désir, c'est même très stimulant.

Nous attirons ce que nous pensons. Nous devenons ce que nous pensons. Nous vivons ce que nous pensons. Nous sommes **les metteurs en scène de cette vie** et nous passons beaucoup de temps à monter cette vie.

Nous souhaitons attirer tant de choses, mais que pensons-nous de nous-mêmes ? *Est-ce que vous vous aimez ?* Est-ce que vous vous aimez vraiment ?

Acceptez-vous vos qualités, c'est-à-dire acceptez-vous d'être mis en lumière pour vos qualités sans faire de fausse modestie ? Acceptez-vous vos défauts sans vous flageller avec ?

Si nous commencions par reprendre **connaissance et acceptation de nous-mêmes** ?

Imaginons que nous devenions attirants pour nous. Par exemple devenir l'homme qu'on aimerait bien avoir comme ami, la femme que l'on aimerait rendre reine ?

Nous attendons du monde ce que nous ne nous donnons pas. Je sais que nous recevons souvent de l'amour, de l'attention, parfois même de l'argent que nous estimons ne pas mériter.

Mais dans ce cas, même si nous l'avons attiré, en profitons-nous ? L'acceptons-nous ? Combien de fois avons-nous détruit une relation amicale ou amoureuse, simplement parce que nous n'acceptions pas que quelqu'un puisse nous apprécier et nous aimer autant ?

Combien de films jouent avec cette fameuse phrase de rupture : 'tu es trop bien pour moi.' Comment nous considérons-nous avec ce type de pensées ?

Que ressentez-vous quand quelqu'un vous donne plus d'attention et d'amour que vous pour vous-même ? Le gérez-vous bien ?

Pour beaucoup d'entre nous, c'est difficile. Alors commençons par **nous accepter et nous attirer nous mêmes.**

Prenez un papier et un crayon et commencez à lister 10 choses que vous aimez en vous. Continuez en listant 10 choses que vous aimeriez accepter en vous.

Maintenant prenez attention à cela pendant 48 heures et faites un effort dans vos pensées pour **être 'bon' avec vous.**

Soyez aussi bon avec vous que vous aimeriez recevoir des autres : vos amis, votre conjoint, vos collègues, vos voisins...

Commençons notre attraction.

Chapitre 2 : Pensées et Émotions... au Boulot

Avez-vous mis en place ce que nous avons vu dans le chapitre précédent ? Je suis certain que oui, vous souhaitez attirer à vous de belles choses et vous savez que **vous êtes le premier outil de Votre réussite.**

Vous pensez à quoi quand je parle de votre réussite ? Vous avez des images ? Des sensations ? Des mots qui vous viennent ? En tout cas je suis persuadé que penser à votre réussite qui arrive de plus en plus vous donne des ailes.

Une pensée entraîne une émotion, vous venez de le vivre à l'instant. C'est pour cette raison que de nombreux courants de développement personnel utilisent des mantras de réussites et de changements, afin de connecter la pensée à une réalité en devenir.

Souvenez-vous que l'émotion est construite en partie par la pensée. Elle a un second rôle, celui de **stimuler la pensée.** Imaginez-vous en train de penser à une réussite dans votre programme de LdA (Loi d'Attraction). Une chose simple, un sourire, un appel, une félicitation... Si vous y pensez, vous avez sûrement du plaisir qui s'éveille, n'est-ce pas ?

Maintenant pensez à un moment de votre vie où vraiment vous étiez heureux et fier de vous.

Très bien, fermez les yeux quelques instants pour bien vous concentrer sur cette émotion passée. Prenez plaisir à la situation, à vos sensations, à cette force en vous pleine de lumière.

Parfait. Recommencez à penser à votre succès qui arrive et *ajoutez-y cette belle émotion de fierté*. Observez comment cette fusion de la pensée et de l'émotion apporte à ce que vous êtes en train d'imaginer comme force.

Respirez profondément et pendant 10 respirations, pensez et imaginez ce succès. Sentez monter en vous cette belle force et cette profonde certitude que vous allez vivre quelque chose d'extraordinaire.

Faites le 3 fois dans la journée...

Chapitre 3 : Les actions par les émotions

Nous voilà dans une dynamique qui va être intéressante. **Les actes vont influencer les émotions** et par voie de conséquence, les pensées.

Avant tout je souhaiterais que vous vous penchiez sur un concept qui vient de la Programmation Neuro Linguistique. Certains grands manitous de la discipline estiment que le **'mouvement' produit des émotions.**

En gros en version originale **'motion makes e-motion'.** J'aime bien ce concept et je vous demande de commencer à l'appliquer. Comment faire ?

Arrêtez de regarder ce livre qui est tellement 'attractif' :) Levez-vous et courbez-vous en vous imaginant malade, pendant 1 ou 2 minutes. Comment vous sentez-vous ? Quelles sont vos pensées ? Comment se transforme votre émotion ?

Très bien maintenant sautez... allez-y... Au pire vous allez passer pour un(e) idiot(e) et ça vous fera rire.

Sautez comme si vous veniez de remporter une compétition sportive ou mieux comme si vous veniez de gagner le Loto. Allez y!!! Testez !!

Faites-le quelques secondes, environ 30 secondes, voire une minute.

Maintenant respirez. Comment vous sentez-vous maintenant ? Bien n'est-ce pas ? Je vais vous annoncer une grande nouvelle.

Vous n'avez pas gagné au Loto. Remarquez comment cette pensée vient de bouger votre émotion et que peut-être vous avez senti un autre changement physiologique.

Aujourd'hui, changez vos comportements. Mettez-vous en action de manière différente. Qu'importe ce que vous allez faire pendant les 24 prochaines heures, faites un listing des comportements que vous avez repris.

Cela peut être aussi simple que de redresser la tête, claquer dans les mains, faire un cri de guerre des Irokoï (Bon courage pour le faire discrètement).

Vous ferez le bilan de toutes ces corrections. Maintenant, respirez plusieurs fois et claquez dans les mains !!! Vous êtes prêt à mettre en place les actions de votre vie.

Chapitre 4 : Prends garde à ce que tu penses de peur que ça n'arrive

Comment se passe l'évolution de vos pensées ? Commencez-vous à les accepter pour les transformer ? Utilisez-vous **vos émotions pour renforcer vos pensées positives**. Prenez-vous tout cela comme un jeu ?

Surtout ne vous mettez pas la pression, nous verrons dans les chapitres suivants que pour mettre en place vos objectifs, vous devrez être dans **un état spécifique, ouvert et surtout détendu.**

Revenons sur vos pensées. Il y a une vieille expression qui dit qu'**il faut faire attention à ce que l'on souhaite de peur que cela n'arrive.**

Avez-vous déjà remarqué le nombre de fois que des choses que vous pensiez sont arrivées, surtout quand vous prévoyez le négatif. Ce qui est amusant c'est que l'excuse répandue ressemble à 'il vaut mieux prévoir toutes les possibilités' (négatives vous remarquerez)

Le pire arrive quand vous obtenez ce dont '*vous avez toujours rêvé*". Il y a de nombreuses personnes qui sont terriblement déçues et qui se disent "*Tout ça pour ça*'

Alors à quoi pensez-vous dans votre quotidien ? A quoi pensez-vous dans vos objectifs journaliers ? Qu'attendez-vous tellement dans votre vie ?

Vous souhaitez le bonheur, la gloire, l'amour, la reconnaissance ? Comment l'imaginez-vous ? Comment l'attendez-vous ? Et si l'amour arrive... mais qu'il est marié à votre meilleure amie ? Et si la reconnaissance faisait de vous une personne que tout le monde envie ?

A quoi pensez-vous alors ? Quand vous y placez vos émotions, vous multipliez la force de vos pensées. Faisons un exercice, prenez vos 'envies'.

Dix envies... comment les aimeriez-vous dans votre vie ? Commencez à préciser ce que vous attendez ... vous n'aurez plus peur que ça n'arrive…

Prenez soin de vous, de vos pensées...

Chapitre 5 : Alors que voulez-vous ?

Nous allons au travers de ce chapitre commencer un travail de longue haleine. Revenons sur nos fondamentaux. Vous commencez la quête de votre esprit, de votre pensée et de vos émotions.

Où en êtes-vous aujourd'hui ? Est-ce que vous sentez que vous avancez ? Soyez sincères avec vous-même et si à cette question vous vous êtes fait la réflexion que ce n'est pas aussi 'simple' que ça, j'ai une grande nouvelle : il reste un maximum de boulot :-).

Est-ce que vous vous êtes trouvé des *actions de motivation* ? Celles qui vous font changer d'émotions ? Sauter, claquer dans les mains, crier...
Maintenant que voulez-vous de la loi d'attraction ? **Quel est votre objectif ?**

Aujourd'hui nous allons prendre un **seul objectif**. Est-ce qu'il est clair pour vous ? Bien ! Avant de jouer avec l'univers et son abondance illimitée, est-ce qu'il est réalisable ?

Si aujourd'hui vous êtes sans abri et que votre attraction est d'être millionnaire, c'est très bien, mais est-ce que l'émotion que vous allez créer est **'sincère' et réelle** ?

Comment donner de la force à sa pensée si on n'y croit pas vraiment ?

Quand je croise des personnes qui me disent désirer telle ou telle chose, quatre vingt pour cent du temps, après quelques questions, elles me disent que c'est un rêve fou... Et qu'**elles n'y croient pas réellement**.

La plupart du temps je constate que nous souhaitons des choses et **nous ne sommes pas vraiment motivés pour les obtenir.**

Si je demande,

– 'Millionnaire, tu seras heureux quand t'auras un million d'euros et pas avant ?'

Beaucoup me répondent :

– 'Enfin, je veux être serein financièrement...'
– Donc il te faut des millions ?
– Non juste pouvoir me sentir bien et faire ce que je veux.
– Et que veux-tu ?
– Je ne sais pas... tout...
– Donc tu veux de l'argent pour tout faire sans ne savoir une seule chose que tu souhaites vraiment ?
– Ce n'est pas ça, être riche quoi...

Ce genre de discussion combien de fois l'avez-vous déjà eu ? Est-ce que vous voyez **un objectif clair** dans ce type d'échange ?

Je me souviens d'un ami qui m'a dit :

- Pank, ton truc d'attraction c'est de la connerie, j'ai demandé et fait ce que tu dis et ça ne marche pas.
- Peux-tu me dire ce que tu as comme objectif ?
- Oui, je veux une grande maison.
- Cool, tu la veux où ?
- A Paris !
- Chouette, donc une grande maison sur Paris ?
- Enfin, ce n'est pas possible dans Paris, donc en banlieue... enfin je préfère Paris donc plutôt un bel appartement dans Paris.
- Ah, tu ne veux plus de maison ?
- Si mais dans Paris ce n'est pas Possible !!
- D'accord un Grand Appartement dans Paris ? Dans quel quartier ?
- Le 7e près des Champs Élysées !
- Cool, tu as un peu regardé les prix ?
- Euh non... je dis les Champs mais ça peut être ailleurs...

Dans ce dialogue vous pouvez voir que l'Objectif : Je veux une grande maison... est **un faux objectif.**

Pour lui, juste penser à une grande maison est un non sens, il n'a même pas la véritable volonté de l'avoir, pourquoi obtiendrait-il une chose qu'il ne veut pas vraiment ?

Alors simplement, commencez à réfléchir sur un seul objectif... je vous poserais quelques questions... dans un prochain chapitre.

Chapitre 6 : Prenez soin de vous

Nous arrivons chacun avec des motivations différentes dans le milieu du développement personnel.

La loi de l'attraction est une des facettes permettant de **changer ce que nous sommes pour changer ce que nous obtenons.**

Cependant nous n'arrivons pas tous sur ce chemin avec le même passif. Certains arrivent en pleine forme physique mais un moral détruit, d'autres découvrent ce monde au milieu d'une maladie.

Et vous comment vous sentez-vous ? Physiquement, moralement ?

Et bien... Ça n'a pas d'importance ! Ce n'est pas ce que nous avons mis dans notre sac à dos qui importe.

Pour agir avec l'univers **nous devons devenir un centre d'attraction de meilleure qualité.** Pour cela, je vous propose un petit exercice que vous pouvez répéter plusieurs fois par jour.

C'est **l'exercice de la bulle.**

- Prenez une grande inspiration et à l'expiration fermez vos yeux.
- Imaginez que vous soufflez une magnifique bulle de savon.
- Prenez du temps pour la voir grandir, observez-là, elle est à la fois souple et solide.
- Maintenant laissez-la vous entourer.
- Prenez plaisir à vous sentir plus apaisé.
- Laissez cette bulle s'emplir de lumière. Celle du soleil, qui apaise, relaxe, stimule.
- Vous allez inspirer cette lumière tout en étant de plus en plus protégé dans cette bulle.
- Sentez, vibrez et imaginez votre être s'alléger de tous les stress et tensions cumulées.
- Restez quelques minutes dans cette lumière et cette bulle.
- Une fois apaisé ouvrez simplement les yeux sur une expiration.

Cet exercice a pour but de **vous relâcher**. Vous observerez que votre corps et votre esprit vont être plus disponibles.

Faites-le au moins trois fois par jour, matin, midi et soir. Vous allez être étonné des résultats sur votre être physique et mental.

Chapitre 7 : Le Niveau Alpha

Il est important que vous puissiez comprendre que le **travail sur les pensées, les émotions et les objectifs**, est essentiel comme base pour la loi d'attraction.

Vous pouvez facilement mettre en place ces différentes étapes, et je suis certain que vous l'avez déjà pratiqué. Maintenant dans le monde de l'attraction, il y a une sorte de 'secret'. C'est amusant, plus j'étudie cette discipline et plus je me dis qu'**il manque des éléments.**

On voit tout le marketing que les différents auteurs ont fait, avec le secret du secret, ou les non-dits derrière le secret. Bref ! Du business et c'est très bien aussi, les auteurs ouvrent l'esprit et apportent une autre compréhension de ce concept.

En lisant surtout Joseph Murphy, il y a quelques années, je me suis dis qu'il me manquait également quelque chose dans sa superbe méthode.

C'est avec **la Méthode Silva** que j'ai commencé à mieux comprendre certaines notions.

Pour José Silva, il y a un niveau de **conscience qui permet de tout faire et de tout transformer.** Cet état est le **niveau Alpha.** Les ondes cérébrales ont différents niveaux de Bêta à Delta.

Faisons un petit Topo :

Niveau Beta : Onde cérébrale utilisée dans le quotidien dans un état 'conscient'.

Niveau Alpha : Onde cérébrale d'ouverture de conscience vers un lien Conscient-Subconscient

Niveau Theta : Onde cérébrale de conscience profonde.

Niveau Delta : Onde cérébrale de sommeil.

En niveau Alpha, nous **ouvrons complètement nos possibilités** vers notre force cachée, notre **subconscient.**

A partir de maintenant, nous allons découvrir ce monde de l'Alpha...

Chapitre 8 : Commençons par nous relâcher

Pour commencer à nous mettre dans **une dynamique d'attraction** nous pouvons, comme le propose Joseph Murphy, nous mettre en logique de prière.

Il est vrai qu'il a été un des grands précurseurs du développement personnel et l'aspect spirituel avait une grande importance.

Ne prenez pas peur, **la loi d'attraction n'a rien d'un dogme.** Il n'y a aucune obligation, simplement **des indications.** D'ailleurs vous voyez le nombre d'ouvrages et de blogs à ce sujet, convenons-en... personne ne dit la même chose.

Pour entrer dans un état Alpha ou, ce que l'on nomme dans mon milieu, en Transe, c'est très simple, il vous suffit **de couper avec tout ce qui vous entoure** pendant un petit moment et de descendre en vous.

De nombreuses personnes vont faire des demandes à l'univers, dans le but d'obtenir un retour miraculeux et extraordinaire, alors qu'ils sont **emplis de peur, de colère, de confusion.**

Vous me direz, si tout va bien à quoi bon demander à l'Univers d'attirer des choses.

Certes, mais objectivement imaginez-vous que cela soit la bonne façon de faire ?

Imaginez, vous arrivez vers votre ami, en colère et frustré, vous lui demandez de vous prêter sa voiture, de vous passer mille euros et ça tout de suite, sans aucun s'il te plaît ni merci...

Avouez que ça ne vous viendrait pas à l'idée. En général, nous sommes un peu tous pareils, quand nous avons une demande à faire, nous nous préparons, nous travaillons **la façon la plus adaptée pour notre demande.**

Vous allez rarement le faire sous le coup de la colère ou d'une émotion négative. Prenez l'image d'un rendez-vous à la banque pour obtenir de l'argent. Allez-vous vous-y rendre dans un mauvais état d'esprit ?

Et bien, en quoi les lois de l'univers seraient-elles différentes ? Prenez un moment pour vous **relâcher**. C'est la première étape de votre processus pour entrer dans un état de Transe.

Relaxez-vous physiquement et psychiquement afin de permettre **une meilleure communication**. Imaginez que c'est votre GSM vers l'univers et que vous pouvez capter le réseau 'Universe Telecom' uniquement avec les bonnes ondes, celles en alpha.

Pour vous proposer un premier test voici un audio que vous pourrez écouter quand vous en aurez le temps. http://www.mixcloud.com/Pankypno/mp3-hypnose-relaxation-type-yoga-nidra/

Chapitre 9 : Commencer le Travail

Vous êtes parvenu à vous détendre et à entrer dans cet état que l'on nomme **'transe'**.

Dans cet état Alpha, vous allez être capable de vous **mettre en relation** avec ce que certains nomment l'**Univers**. En tant que praticien de différentes disciplines de développement personnel, je dirais que vous allez vous connecter avec une partie de **votre Subconscient.**

Je comprends que certains doivent être déçus. Je me mets en Alpha et je suis juste en train de communiquer avec moi-même ?

Dans un premier temps, c'est exact. Et vous allez entrer dans **le monde le plus extraordinaire** que l'on ne vous proposera jamais. Le monde des infinies possibilités.

Pensez à préserver au maximum votre état de détente et de décontraction. Vous avez vos objectifs clairs, vous avez vos étapes en place. Commencez par **IMAGINER.**

Vous allez vous imaginer passer **un film avec toutes les étapes de votre objectif** et la réalisation de ce dernier.

Vous allez noter les sensations, les émotions et votre façon d'être et de devenir.

Créez des émotions positives, fortes et agréables. Apprenez à lier ces images, ces mots et ces émotions pour votre objectif.

Je reprends ce que José Silva exprime. Faites cet exercice plusieurs fois par jour. **Si vous le faites une fois c'est bien, deux fois c'est très bien, trois fois c'est excellent.**

Chapitre 10 : Une des bases de La Loi d'Attraction

Plus je lis et relis les ouvrages sur la loi de l'attraction, plus je retourne vers des livres du passé.

En étudiant Napoleon Hill, je me rends compte que depuis des années, les ouvrages sur le sujet ne font que reprendre ce que cet auteur du début du 20e siècle proposait.

Pour vous donner une idée, voici des éléments qui pourront vous aider à avancer dans votre cheminement.

Les 6 Clefs du Succès :

– Se fixer des Objectifs précis : Souvenez-vous, sans objectif nous ne pouvons pas obtenir de retour, nous l'avons déjà vu.

– Fixez ce que vous allez donner en échange : En relisant, je me suis dis que c'est une étape que très souvent nous ne mettons pas en avant. En effet, cela nous donne **un engagement vis-à-vis de notre objectif**. Que puis-je faire pour cela ? Et que suis-je prêt à donner de ma vie pour son obtention.

- Fixez une date limite : Nous y reviendrons, mais cadrez votre objectif. Si vous avez utilisé la méthode PREM (L'objectif doit être Possible, Réaliste, Écologique et Mesurable) vous devriez avoir défini une date.

- Faites un plan d'action clair : Cela permet de voir les étapes de votre Objectif Final. C'est le principe de micro Objectif.

- Écrivez **votre Objectif :** La mise à l'écrit est impliquante.

- Répétez-le à Haute voix : Voilà une chose que je ne mettais pas du tout en valeur. Pour l'instant je ne peux pas vous donner la véracité d'un mot à Haute voix contre un mot à Voix Basse. Donc n'hésitez pas à le lire.

Chapitre 11 : Liberté... et recherche

Ce qui est extraordinaire dans le monde du développement personnel et de la loi de l'attraction, c'est la **multitude de chemins.**

Je me suis fait une réflexion, il y a plusieurs jours, en lisant différents auteurs. J'ai pris des personnes comme Bourbeau, Hill, Dyer, Hicks, Sévigny, et même Epictète...

Je suis arrivé à **deux chemins très distincts** pour obtenir ce que l'on souhaite tout en restant dans la loi de l'attraction.

Certains vont aller vers **un chemin de précision**, travailler par étapes, et les **définir une à une** pour atteindre leurs objectifs.

Dans leur modèle du monde, ils estiment que si nous ne sommes pas clairs dans la définition de ce que nous souhaitons et les étapes clefs à passer, nous ne pourrons pas attirer les choses, parce que **nous ne serons pas dans une connexion juste**, nous offririons trop de chemins et donc peu de chances que nous sachions réceptionner.

Les autres, eux, ne vous **laissent vous concentrer que sur le résultat** que vous attendez.

Ils partent du principe que l'univers se chargera de nous obtenir le meilleur chemin pour nous.

La première fois que l'on m'avait enseigné **les principes de l'Univers**, on ne m'avait pas parlé d'attraction, il y a de cela une dizaine d'années. La personne avait insisté sur le fait de juste poser ses objectifs. Il suffisait d'être **précis sur ses Objectifs et de lâcher** les rennes à l'univers.

Puis avec les années, **avec quelques ratés et quelques succès**, des rencontres et des études, j'ai croisé la PNL et des systèmes de développement personnel. J'ai vu la version : détailler ses objectifs. Je me suis aperçu que les étapes avaient **un plus** dans l'**orientation de l'énergie consciente et subconsciente** que nous mettions en place.

Nous devons nous poser la question de savoir comment l'univers réagit à nos demandes, qu'elles soient d'une méthode ou d'une autre.

Et là encore, les écrits se contredisent, si l'on prend Murphy, il exprime **la continuité de l'esprit** vers un objectif, et des Dyers ou Sevigny estiment qu'**il ne faut poser qu'une fois avec une intention ferme** l'objectif, ne le répétant que **trois fois dans la journée. N**ous nous interrogeons sur la voie à suivre.

Je ne suis pas encore Multimillionnaire et je ne suis **pas encore maître de la loi d'attraction**, pourtant en utilisant les deux j'ai vu des résultats satisfaisants.

J'ai constaté une chose, c'est que parfois, à trop travailler par paliers, nous **saturons**.... et nous pouvons alors manquer de lâcher prise.

Laissez **l'Univers faire le relais** cela **apaise** réellement et nous prenons un vrai plaisir à la découverte des plans que la Vie nous offre.

Il n'y a pas un code juste, l'Univers est en potentiel infini. Devenons des trouveurs de nos chemins personnels et nous nous reconnecterons à ce qui est juste pour nous.

Chapitre 12 : Nous sommes ce que nous pensions avant

Il y a une chose que je trouve intéressante à partager. Je crois que c'est dans un des récits de Abraham (Hicks).

Comme nous l'avons souligné, l'attraction est liée à nos pensées et la majeure partie d'entre nous n'en prend pas conscience.

En effet, la plupart des utilisateurs de la Loi pensent qu'au moment où ils changeront leurs façons de penser tout **changera dans l'instant**.

C'est sans compter sur le fait que nous sommes **dans l'instant en train de vivre l'ensemble des pensées passées.**

Nous ne vivons en bon et en moins bon que ce que **nous avons attiré** et par conséquent ce que nous vivrons dans quelques jours ou quelques mois ne sera que **la conséquence des pensées de ce jour.**

Cela soulève des réflexions sur la notion **d'instant présent.** Est-ce qu'en ce cas vivre l'instant c'est de **gérer ses pensées de l'instant**, ce qui nous permet de prendre plaisir de l'instant suivant ?

Ces questions ouvrent la porte sur **les méthodes méditatives** orientées vers le vide des pensées.

Si nous pensons à cette notion de **résonance dans le temps,** la méditation nous permettra d'**apaiser l'esprit dans l'instant,** en somme, d'**annihiler les pensées passées** et donc leurs 'conséquences' tout en mettant en place **un futur présent,** dans l'écho de la 'sérénité' ou du 'vide' suscité.

Je trouve cette prise de **conscience de l'instant** comme simple conséquence de notre **monde intérieur 'dépassé',** plutôt passionnante.

Cela donnera sûrement de la motivation à chacun d'entre nous, dans **cette prise d'attention de nos pensées.**

Nous ne pensons pas pour aujourd'hui mais pour demain, en **évitant de penser au futur** sachant que cela supprimerait la possibilité de voir ce futur devenir, d'où l'utilisation de progressivité dans la formation de nos pensées avec des mots ou expressions comme « *de plus en plus, de mieux en mieux, dès à présent.* ».

Chapitre 13 : L'accueil

En bossant à la fois sur moi et sur mes patients, en échangeant sur différents sujets sur l'attraction, je me suis aperçu que **nous n'étions pas prêts à recevoir.**

Cela peut sembler étrange, nous qui sommes tellement dans l'attente, nous qui étudions les notions de base de l'attraction, nous ne serions pas capable d'accueillir ?

Nous laissons à l'Univers la façon de nous donner ce que nous avions demandé. Abraham, que vous pouvez retrouver dans les ouvrages de Hicks, explique une notion simple :

1- **Demander** : C'est notre travail
2- **Attendre** : C'est le travail de L'univers
3- **Recevoir** : C'est notre travail

Seulement voilà, **nous ne savons pas observer, écouter, découvrir les signes** qui nous amènent une réponse à notre demande.

Nous attendons que les choses arrivent selon notre 'vérité'. Cependant, l'univers s'exprime de nombreuses façons et parfois par des chemins que nous n'attendons pas.

Que se passe-t-il à ce moment là ? **Nous passons à côté de ce que nous avions demandé.** Prenez l'exemple classique des personnes qui attendent l'âme sœur. Elles n'arrêtent pas de demander à l'univers cette rencontre, seulement, elles ne regardent pas ce qu'il y a parfois juste à côté d'elles. Vous remarquerez que les séries, et autres comédies romantiques, adorent mettre cela en avant. Vous, en tant que spectateur, vous vous dîtes durant tout le film que c'est si simple, la personne est là, seulement cette 'réalité' n'existe pas pour le héros du film jusqu'à la 'prise de conscience'.

Cette **prise de conscience est une ouverture** à une autre voie possible. Comme je le soulignais précédemment, nous ne savons pas recevoir, **nous avons même peur d'avoir ce que nous demandons.** En thérapie nous nommons cela de l'**auto sabotage.**

Alors apprenez à vous ouvrir aux mots et aux conseils des autres, aux propositions multiples que les amis, la famille, les connaissances vous offrent. Écoutez les choses différemment, vous vous rendrez compte que l'Univers vous propose ce que vous avez tant souhaité.

Accueillir c'est s'ouvrir au monde et par extension ouvrir notre monde aux autres...

Chapitre 14 : La réalité du monde et nos hallucinations

Ce chapitre concerne moins la loi de l'attraction mais peut vous donner une idée de **nos réalités intérieures comme étant le cheminement de nos attractions.**

Je me questionnais sur la validité, dans ma carte de croyances, de l'**existence d'un monde 'extérieur'.**

Je reprends certains aspects des anciens, qui expriment que nous n'avons du monde que la perception de notre monde intérieur. M-Line rebondissait sur l'allégorie de la caverne.

Effectivement, je me suis mis dans une dynamique simple, *'regarde en toi, écoute ton être et tu y verras le monde. Le monde extérieur ne reflétera, alors, que ce qui se joue en toi'.*

En exposant la théorie suivante, j'ai constaté que les mots qui décrivaient ce processus étaient : 'égoïsme, egocentré'. J'accepte pleinement ces remarques.

Le monde extérieur n'a pas de sens, les autres ne sont que **les extensions des différentes transes que nous émettons à notre être.**

Même si la 'vie' nous apportait tout ce dont nous rêvions pendant une journée, mais que **nous n'étions pas alignés ou centrés**, dans un état qui ne subit ni temps ni espace, nous ne pourrions pas vivre les cadeaux de la vie.

Nous connaissons tous cette sensation de 'la sale journée'. Par logique d'attraction, c'est-à-dire **cette force qui attire à nous ce que nous vivons en nous**, notre journée nous apportera soucis et ennuis. À moins que vous n'ayez appris à revenir sur des **zones ressources** ou à vous centrer. En somme, sortir de la transe 'bad day' et construire une transe 'good day', ou à un niveau plus avancé, **vivre l'instant aligné,** dans l'accueil sans les émotions factices.

Mes expériences vont donc être **filtrées par mes émotions,** ma vie interne. La théorie de l'attraction répondant alors à une intention, pensée ou énergie, obtient le retour en résonance. **Le monde extérieur ne devenant qu'une vaste réponse à ce que nous sommes en nous.**

En allant plus loin et en reprenant un phénomène hypnotique connu de tous, **les hallucinations,** nous apprenons à vivre ce monde extérieur avec des 'censures'. Nous 'floutons' les images, mots, sensations, odeurs et goûts.

Nous avons tous passé de longues minutes à rechercher un objet qui comme par magie, se trouvait au point de départ de notre quête. Comme si le dit objet avait fait son apparition par une force divine. Seulement, l'objet n'a jamais bougé, seul notre esprit, notre transe de l'instant nous empêchait de le percevoir. C'est d'ailleurs pour cette raison que la sagesse populaire conseille de respirer, se détendre et de reprendre quelques minutes plus tard la recherche. Nous interrompons le pattern hypnotique d'hallucination.

Ce qui signifie que lors d'un échange, un dialogue, une réception d'informations, **nous n'allons entendre, voir et vivre que ce que nous sommes capables de 'conscientiser'**. L'échange proposant à notre être interne de nombreuses pistes que nous ne sommes pas capables de 'capter' et les autres sont assimilées à ce que nous avons en nous. Le partenaire extérieur n'activant que ce que nous sommes en nous, une nouvelle fois **il n'est qu'une extension.**

À cela on me rétorque que l'autre nous apporte quand même sa vision du monde, ses idées et ses arguments et donc qu'il a cet impact dans notre vie. Je l'entends bien seulement si je filtre ses informations par une transe hallucinatoire, y a t-il vraiment un échange, je ne suis prêt à accepter et changer que ce que je peux entendre...

D'ailleurs combien de fois vous a-t-on fait changer d'avis ?

Sur une conviction ou une croyance, des bribes, des informations, vont être captées, certaines vont être ré-analysées et intégrées, devenant 'réelles' mais pour cela il faut un temps... **Celui de sortir de son hallucination.**

Les anciens appelaient cela **le niveau de conscience.** Pour eux tu ne vis et perçois que ce que tu es 'capable' de vivre et de percevoir. Les amis musulmans parlent eux de voiles.

Le monde extérieur n'existe pas, ou de façon tellement tronquée que nous pouvons comprendre l'isolement d'un Sakya, d'un Jésus et par extension des religieux ou spiritualistes. Nous travaillons à **nous retrouver, à devenir le monde,** dans des émotions positives au départ, *puis dans la non émotion, la non forme de l'être, pour accueillir dans l'entièreté sans activation d'ancrages donc de transes, voire d'hallucinations, les autres et la 'vie'.*

Le travail sur son centre, ou peut-être 'ses' centres, est un chemin d'alignement de soi, par extension vers les autres. En sommes on reprend le Tao : dans l'infiniment petit se trouve l'infiniment grand.

Chapitre 15 : Comment vit-on notre gratitude ?

J'observe avant tout en moi-même, puis auprès de mes patients et amis que nous avons du mal à avoir **une émotion de gratitude.**

Je me doute que vous vous poserez la question et certainement vous vous direz que vous avez cette capacité. C'est très possible et je vous en félicite sincèrement.

Je me suis aperçu que très souvent nous sommes dans **l'automatisation du 'Merci'.** Le remerciement est une des façons les plus communes pour offrir de la gratitude.

Peut-être que je devrais définir ce mot pour que nous soyons tous sur le même lexique. (Larousse)
'Reconnaissance pour un service, pour un bienfait reçu ; sentiment affectueux envers un bienfaiteur'

Maintenant définissons la reconnaissance : (Larousse)
'Sentiment qui incite à se considérer comme redevable envers la personne de qui on a reçu un bienfait'

Quand nous exprimons un remerciement **nous offrons un sentiment positif,** nous livrons une émotion qui se veut pleine de force, éventuellement affectueuse.

Nous vivons dans un monde où notre éducation nous a appris à être polis. Le 'merci' est devenu pour beaucoup d'entre nous **un ancrage linguistique.**

Pourtant, il est probable que ce mot soit une d**es clefs les plus extraordinaires** que nous ayons dans notre vie 'matérielle' et pour la loi de l'attraction.

Nous demandons à l'univers d'obtenir ce dont nous avons envie, pourtant prenons-nous réellement un temps pour avoir de **la gratitude vis-à-vis de 'l'outil' qui nous a fait parvenir le résultat de notre requête.**

Très souvent parce que nous connaissons 'quelques lois' de l'univers et de l'attraction, **nous considérons comme normal d'obtenir des résultats.** C'est très compréhensible nous avons étudié et appliqué une technique, il ne manquerait plus que cela ne fonctionne pas.

Pourtant cette force du mot, de l'émotion et même de l'intention, **construit une vibration**. Cette force qui est mise en place permettra d'impacter le monde qui nous entoure et contribuera à attirer de nouvelles choses. Nous reconnaissons à ce moment là que ce que nous avons demandé c'est accompli, nous admettons que nous sommes connectés à ce Monde et aux Hommes sans quoi l'obtention de notre souhait serait difficile.

Nous offrons à 'l'intermédiaire' une énergie positive et constructive en lui permettant de **devenir acteur de notre demande**, en lui permettant d'avoir une valeur dans notre vie et surtout pour L'Univers.

Il est parfois difficile d'avoir de la gratitude sur des expériences ou des retours qui ne nous conviennent pas. Nous aimerions toujours obtenir ce que nous attendons comme nous l'avions pensé. Pourtant, comme nous l'avons vu dans un chapitre précédent, il y a **une forme d'étrange perfection**, nous obtenons sans nous rendre compte que c'est ce que nous avions demandé.

A ce moment là, nous ne remercions pas, et pire nous trouvons un moyen de nous plaindre. C'est parfois des jours ou des mois après, lors d'un échange ou d'une discussion que **nous prenons 'conscience'** que nous avons ce que nous souhaitions. Et pendant ce temps que peut-il se passer ? Souvenez-vous, vous nourrissez votre présent de pensées négatives, et vous recréerez une émotion et des attractions négatives.

C'est un peu comme si une personne attendait confirmation de la bonne réception de votre colis, tant qu'il n'a pas l'accusé de réception **il ne fait pas la moindre action**.

Vous constaterez que ce sont des périodes pendant lesquelles tout semble aller de travers dans vos demandes.

Tout change à cette prise de conscience, d'ailleurs c'est à ces moments là que l'on peut entendre : 'La vie est bien faite', 'J'adore cette vie'... Après cela vous avez **tout qui semble se réactiver**. Vous avez pris un moment pour émettre une reconnaissance.

Nous verrons dans un prochain article que nous 'devrions' également apprendre à être dans **cet état d'esprit de gratitude quand les choses ne se passent pas tout à fait comme nous le souhaitions.**

Chapitre 16 : Assumer ses pensées

Nous sommes confrontés à la loi de l'attraction dans tous les cas de figure. Que ce soit pour du bon ou du moins bon. Nous allons gratifier cette vie, ces retours quand tout nous semble positif. Rien de plus normal.

Il sera nettement plus difficile de le faire quand nous vivons **des périodes plus lourdes,** plus sombres. Il nous sera plus facile dans ce cas **de critiquer** et haïr ce monde, ces gens et même nos proches, nos amis, notre famille.

Pourtant si aujourd'hui vous étudiez et appliquez cette loi, **vous ne pouvez pas retirer VOTRE responsabilité** de vos mauvaises expériences, de vos mauvaises périodes.

En remontant sur cette idée, je me suis interrogé sur une logique qui me revient souvent en tête. Je pensais que nous étions les conséquences de nos milieux, de nos familles, de nos sociétés. La résultante de ces éléments, avec notre filtre d'origine.

Ceci a pour conséquence de me faire réfléchir sur l'influence et, allons plus loin, sur la manipulation d'un tout (personnel, humain, social, pro, politique ...) sur notre être. Seulement nous pourrions penser la chose différemment.

En reprenant **la responsabilité d'attirer**, de voir, d'entendre et de croiser des discours et des pensées des 'autres'.

Nous sommes les porteurs de ces 'pensées', nou**s sommes les réceptacles de ces 'idées'.** Même si elles nous déplaisent, nous blessent, nous briment.

Nous sommes les seuls responsables de leur donner vie, de les mûrir, de les subir. *De la 'non réalité' d'une idée nous en en construisons des actes, des faits, parfois même des modèles de vie.*

Nous sommes les maîtres de ce que nous acceptons dans cette société et que **nous co-créons ou co-détruisons.** Nous ne sommes en rien des outils passifs d'un monde ou d'une histoire.

Comme les abeilles qui ramènent le pollen à la colonie, nous ramenons et travaillons ces 'histoires', ces 'pensées', ces 'croyances' dans la ruche de notre esprit, et désormais nous savons que cela devient **la base constituante de notre attraction future...**

Alors peut-être, pourrions-nous arrêter de ramener toutes ces idées externes *non valides pour notre évolution,* que nous prenions **une nouvelle responsabilité au lieu de les retirer, les transformer ou les oublier.**

Souhaitez-vous garder ce qui n'existe pas, mais qui vous fait tant souffrir... Et que nous menons à nous ? **Ou préférez-vous décider des matériaux que vous allez garder dans votre esprit ?**

Chapitre 17 : Arrêtons de demander... exigeons

Nous sommes dans une société qui nous a conditionnés à demander. Quand j'écris ces quelques mots je me rends compte que déjà, **nous avons du mal à demander.** Est-ce que c'est simple pour vous de demander un conseil ? De l'aide ? De l'amour ? De l'attention ? Un prêt ? Un soutien ? Une oreille ? De la douceur ?

Je pense que pour beaucoup d'entre nous, cela est moins fluide que nous le souhaiterions, n'est-ce pas ?

En tout cas n'ayez crainte **dans la loi de l'attraction, il n'y a pas à demander.**

Vous allez certainement trouver que je raconte n'importe quoi. Pourtant en lisant et expérimentant certaines 'clefs du Secret' de Daniel Sévigny, je me suis rendu compte qu'effectivement **nous n'avons qu'à ordonner.**

L'univers est sans limite, vous êtes d'accord qu'il n'y a pas de manque dans ce tout. Donc **nous n'avons pas besoin de nous mettre en fil d'attente.** On fait la queue parce que l'offre est limitée quand à son obtention, il n'y a pas assez de vendeurs, pas assez de conseillers, pas assez de postes... Bref, il y a donc un ordre et même éventuellement des priorités.

Seulement l'Univers peut **immédiatement donner** au monde entier à n'importe qui. Quand vous avez un rire ou mieux, un fou rire, en un instant parfois, des dizaines personnes vont exploser de rire au même moment. Et pourtant, vous n'avez pas eu le ticket du rire suivant.

Comprenez-vous ce concept d'**absolue abondance** ?

Vous pouvez vous arrêter de demander, arrêter de vous mettre en fil d'attente et surtout penser que vous n'avez pas à demander un processus.

Quand vous composez votre numéro de téléphone sur votre téléphone, dans le cas où **vous êtes sur le bon réseau,** vous ne demandez pas à votre mobile de bien faire aboutir votre appel, n'est-ce pas ?

Vous attendez qu'en utilisant correctement le processus vous obtiendrez votre correspondant. D'ailleurs vous ne remerciez pas votre téléphone pour l'appel ?

Vous remarquerez même que parfois vous êtes prêt à appeler votre opérateur pour 'exiger' une remise en place rapide de votre ligne. Vous 'exigez'...

Alors le processus de la loi d'attraction est-il vraiment différent ? Bien sur que non, en plus l'opérateur est illimité, c'est l'Univers.

Vous suivez les règles (comme payer votre abonnement en somme) donc vous obtenez les résultats demandés.

Ayez cette même intention dans vos demandes, exigez de recevoir ce que vous souhaitez. L'Univers **répond toujours à nos demandes.**

Chapitre 18 : Une méthode tellement simple

Un enseignement très simple a été mis en place par José Silva dans les années 60.

Plus je me plonge dans ce que José Silva a monté et plus je trouve sa technique extraordinaire. Il allie des techniques de transe, le fameux état alpha dont je vous ai déjà parlé, des travaux de prise de conscience, des travaux d'attraction...

Parmi les nombreuses techniques dont je vous reparlerai, il y en a une terriblement simple et pourtant tellement efficace.

Vous savez tous que pour travailler sur l'attraction il est indispensable de prendre attention aux pensées. Pourtant nous passons notre temps à **émettre des pensées complètement hors cadre de nos objectifs.**

Il y a de nombreuses habitudes sémantiques que nous utilisons de façon inconsciente, nous montrant que nous les avons faites nôtres.

Imaginez le nombre de fois que vous allez 'péter un câble'. Vous rendez-vous compte des différents impacts possibles sur vous, sur votre corps et sur votre esprit.

Dans la méthode Silva, ils partent du principe que nous avons **le droit à l'erreur**. Que nous pouvons dire des choses sans prendre conscience des mots. Par contre, **notre travail de 'maître de pensées'** est de nous changer, de nous écouter et de porter attention à ces mots et expressions idiomatiques.

Dès que vous vous rendez compte que vous avez dit des choses qui ne vous conviennent pas, **corrigez-vous avec une prise de conscience et comme sur votre PC faites un 'delete'.** Vous imaginez que vous effacez ces mots pour réécrire ce qui est le plus juste pour vous.

Plus vous ferez ce petit travail, moins vous utiliserez des expressions négatives, plus vous allez vous orienter vers ce que vous souhaitez et donc vers son obtention.

Chapitre 19 : Ce monde est le nôtre

Nous sommes dans un monde aux mille facettes. Un monde que les médias, que la société, que les amis et parfois la famille nous imposent.

Ce monde nous le voyons, nous le vivons, nous l'exprimons. Beaucoup de mes patients me disent que ce monde n'est pas celui qu'ils attendent. Ils ne font pas ce qui leur plaît dans la vie, ils ont peur de ce monde.

Pourtant ils sont des êtres certainement tout aussi merveilleux que vous. **Ils ont un potentiel incroyable.** Ils sont **les maîtres de 'leur' monde.**

Avez-vous laissé les autres réaliser VOTRE vie ? Est-ce que vous avez offert le pouvoir créateur de vos vies à d'autres ?

Au travers de ce livre j'ai la même volonté qu'avec mes patients. Vous proposez des chemins, des idées pour attirer la meilleure chose qui soit dans votre vie : **VOUS.**

La loi de l'attraction est une loi, qui comme dans le droit, doit être apprise, comprise et appliquée.

Construisez-vous votre propre code en y incluant des lois qui vous conviennent.

Chapitre 20 : Attirer l'amour

Pour ceux qui me connaissent, ce sujet est loin de mes 'croyances'.

Seulement, j'ai la chance d'être entouré de femmes qui cherchent l'amour de leur vie. Je me rends compte que c'est un sujet sérieux.

On ne rigole pas avec çà, tellement pas que des personnes souffrent de ce manque, de ce partage, de cette fusion.

J'entends des rêves d'hommes parfaits (pour la damoiselle, il s'entend). J'entends encore plus que les hommes sont tous pareils, des s°<]ds, que 'l'homme parfait n'existe pas'...

Donc reprenons, chacun rêve de son âme sœur mais exprime continuellement que **cette dernière ne peut exister** parce qu'il l'aurait déjà trouvée...

A votre avis, avec quelle intention, quelle énergie, toutes ces pensées sont imposées à l'univers ? Pensez-vous qu'à **chaque fois que vous critiquez la relation** de votre ami, ou l'histoire de votre collègue, vous n'êtes pas en train **d'exprimer une 'demande'** ?

Elle pourrait ressembler à : Il n'y a que des cons/connes, et j'attends une chose différente mais je sais que ça n'existe que dans les films. Je veux un homme/ une femme pour moi !

Alors que va-t-il arriver, avec la loi d'attraction ? *Elle obéit à vos pensées et vos croyances donc l'histoire se renouvellera...*

Pire, j'entends parfois cette phrase magnifique : **'je sais en tout cas ce que je ne veux pas'**...

Elle est belle cette phrase... Vous êtes au restaurant et vous passez votre temps à expliquer les plats que vous ne souhaitez pas... **Vous n'êtes pas prêt d'obtenir ce que vous souhaitez...**

Quand je fais faire l'exercice où je demande de me décrire la personne parfaite... Au bout de 4 ou 5 arguments, j'ai toujours une petite phrase du type 'enfin j'en demande trop... Ça n'existe pas' et on me rajoute 'on ne peut pas tout avoir dans la vie'...

Croyez-vous à l'attraction ? Croyez-vous à l'abondance de l'univers ? Aimez-vous vous sentir unique au point que personne ne peut convenir à vos attentes ?

Prenez une feuille et un stylo, commencez à émettre ce que vous souhaitez vraiment. Arrêtez la peur de ne pas mériter... **Vous méritez le bonheur et la joie.**

Vos croyances et vos pensées vous appartiennent. Passez quelques minutes tous les jours à vous faire une image de lui ou d'elle. Soyez généreux avec vous-même, vous méritez ce qu'il y a de mieux pour vous !

Et laissez votre vie prendre forme... Il y a d'autres choses possibles mais commençons... Par cette rencontre... Possible. Donnez-vous de l'amour et recevez-en...

Chapitre 21 : L'Univers est celui que nous concevons

La loi de l'attraction est basée sur le principe de réponse de l'Univers à toutes nos demandes/ordres. Nous formulons ce que nous désirons et nous obtenons ce que nous souhaitons.

On peut se dire que c'est vraiment une chouette chose n'est-ce pas ? Cependant je m'aperçois de plus en plus au travers de mes patients, de mes échanges et même en recherchant en moi, que l'Univers offre ce que l'on demande si l'Univers, comme **on le perçoit, est positif.**

En effet, nous créons nos réalités et nos histoires, nos vies ont été conditionnées par nos croyances, nos éducations, nos rencontres, nos expériences (Ce que nous avons admis en nous.)

Je me rends compte que de nombreuses personnes voient la vie comme **une chose assez noire.** Que l'Univers est plein de choses mauvaises qui pourraient leur arriver.

Si nous faisons appel à l'Univers et que l'image que nous avons de no**tre 'Fournisseur' est négative,** sombre, ça ne donne pas tellement envie d'y croire, n'est-ce pas ?

Imaginez-vous commander sur le net, un produit et vous savez que le site n'est pas reconnu pour sa qualité de service, il est difficile de croire que nous recevrons notre commande, n'est-ce pas ?

Alors avant toute chose, avant même peut-être de travailler sur la Loi de l'Attraction, ne devrions-nous pas voir cet aspect en priorité ? Si nous sommes persuadés que nos demandes vont être gérées par une énergie négative, comment pourrions-nous **obtenir des choses lumineuses.**

Alors voilà ce que je vous propose :
- Prenez 10 minutes quotidiennement pour observer vos pensées concernant la vie, l'univers.
- Notez ce que vous trouvez pourri, mauvais, négatif dans cette vie qui se répète quotidiennement.
- Notez ensuite ce que vous aimez, ce que cette vie vous a apporté de bonheur, de joie et d'harmonie.
- Quotidiennement effacez les images négatives en y superposant des images positives à la place.
- Quand au bout de quelques jours vous penserez à la vie et l'Univers avec sérénité, testez une demande.

Chapitre 22 : Inclure les autres

Jusqu'à présent dans notre démarche de la loi d'attraction, nous nous sommes particulièrement centrés sur nous. N'ayez crainte c'est parfait comme cela.

Pour reprendre les mots de So Doshin, dans la vie **nous vivons 50% pour nous et 50% pour les autres.** J'avoue être particulièrement touché par ces quelques mots.

En continuant mon chemin d'exploration sur l'attraction, je souhaiterais vous faire part d'une réflexion qui prend toute son importance si nous avons la 'croyance' que **nous sommes tous connectés.** Je ne vais pas revenir sur des notions que je ne maîtrise pas comme les lois quantiques, mais il semble que même d'un point de vue atomique il y ait de grandes connexions.

Dans nos demandes nous observons que nous formulons de façon de plus en plus précise nos objectifs. ET vous avez peut-être déjà vu des feed backs positifs.

Seulement nous ne sommes pas seuls dans notre monde, nous sommes **en interdépendance les uns avec les autres.**

Poutant, si nous reprenons des concepts de Hoponopono, chaque chose que nous mettons en place pour nous, **nous la mettons en place aussi pour les autres.**

Dans cette optique, il semble que les personnes que nous aimons, avec qui nous partageons nos instants, nos passions, nos peurs, nos envies et autres ambitions, puissent faire partie de la formulation que nous proposons à "l'Univers".

Si nous pensons en termes d'Égrégore, même au niveau micro, nous pouvons voir cette notion comme **un levier ouvrant des chemins nouveaux.**

Faire des demandes pour soi qui peuvent **inclure un bonheur, un bien être et un plaisir pour les autres**. Comme si nous partagions les possibles avec ceux que nous avons dans le cœur ou que nous souhaiterions aider.

Dans d'anciennes prières Amérindiennes nous retrouvons cette idée d'apporter la paix, le pouvoir et la prospérité aux demandeurs ainsi qu'à l'ensemble de la communauté.

La nature est abondance, les moyens sont partout et plus nous connectons d'êtres avec une intention sincère, vraie et précise et plus nous pouvons obtenir la réalisation de nos vœux.

Chapitre 23 : La gratitude d'accord mais

Dans un chapitre précédent j'ai insisté sur l'importance de **la gratitude quand nous recevons** ce que nous souhaitons. Je suis certain que beaucoup d'entre vous mettent en application cette chose tellement simple.

Par contre, lorsqu'il nous arrive des tas de choses, comme si nous étions dans le rythme de la vie, que nous sommes dans la joie, le bonheur, ou que nous sommes simplement 'heureux' d'être en vie et de recevoir ce que nous méritons de lumière, de sourires et de joie, **nous sommes perdus dans notre gratitude.**

Qui dois-je remercier ? A qui dois-je montrer cette gratitude, moi qui suis tellement bien.

Dans ces cas là, la première personne à remercier c'est vous-même, de vous donner le droit de vivre et de percevoir votre capacité infinie d'être heureux. **Vous êtes les créateurs de votre vie**, vous êtes les ingénieurs de ces prouesses lumineuses que vous vivez quotidiennement.

Prenez **un moment pour vous dire merci.**

Il est parfois difficile dans notre système social de nous dire que nous avons le droit de **nous aimer de la juste façon,** de nous donner des compliments, de nous féliciter.

Prenez quelques instants, quelques minutes, lancez-vous même dans **une méditation de remerciements de ce que vous êtes.**

Et puis une fois que vous avez offert cette attention à **la personne extraordinaire que vous êtes,** offrez votre force et vos sourires à vos proches, qui contribuent aussi à maintenir cette belle attraction. N'hésitez pas à remercier simplement avec un mot, une attention, un SMS, une pensée. **Plus vous donnerez, plus vous recevrez.**

Vous vivez ce que vous méritez, soyez donc heureux d'en partager ce que vous sentez être juste avec les autres.

Enfin remerciez cette source, ce tout, cet univers, je ne connais pas votre croyance, en tout cas cette force qui vous permet d'être qui vous êtes aujourd'hui.

Chapitre 24 : Il manque quelque chose

De nombreuses personnes me disent qu'elles ont l'impression qu'il **leur manque quelque chose** dans l'utilisation de la loi de l'attraction.

Ces personnes font des efforts et pourtant, les réalisations ne se font pas dans le sens qu'elles souhaitent, voire c'est le néant.

Certains me disent qu'ils lisent depuis des années des ouvrages et assistent à des conférences.

Je reviens sur un point et je continuerai régulièrement. La loi n'a aucune réponse possible si vous ne vous mettez pas en **mode 'émissions d'informations.'**

Pensez que **vous êtes un talkie walkie.** Si vous n'êtes pas en fréquence similaire, vous pourrez parler pendant de longues minutes on ne vous répondra jamais.

Ça vous semble logique n'est-ce-pas ? **La loi de l'attraction est une façon de communiquer, de mieux communiquer.** Seulement le seul émetteur, le seul outil, c'est vous-même. Il faut savoir utiliser la capacité que l'on a.

Garder en tête que peu importe la théorie que vous avez, la clef est **votre état de conscience.** Ou pour jouer avec les mots l'État de subconscience que vous avez.

La Transe c'est-à-dire la capacité de faire entrer son Être dans des ondes cérébrales en Alpha, entre 7 et 14hz, voire Thêta, ouvre le réseau pour notre connexion à l'univers. Comment faire ? C'est simple :

La prière
La méditation
La relaxation
La sophrologie
L'hypnose

...

Des méthodes de retour sur vous-même. Prenez un temps pour créer une condition optimum.

Détendez-vous, faites le régulièrement pour que ça devienne une habitude.

Si vous attendez des résultats, **prenez comme base : votre transe.**

Chapitre 25 ,L'attraction immédiate

Nous savons que l'univers est **pleinement instantané.** Il ne demande pas un critère de temps ou d'espace pour faire aboutir les conséquences de son énergie.

Les seuls facteurs bloquants ou du moins limitants, nous concernent, nous comme **entité pleine de normes et de lois.** Par exemple une guérison doit prendre son temps, obtenir un poste qui nous convient demande des efforts, rencontrer l'âme sœur n'est pas facile...

Nos expériences, celles de notre entourage, et celles de l'humanité ont défini le spectre de croyances et surtout de freins sur nos capacités. **Nous avons projeté cela vers l'univers**, qui lui, ne fonctionne pas de la même façon.

Pourtant comme un cadeau ou une aide de cette force qui nous entoure, il y a des éléments qui nous montrent, l'**extraordinaire capacité de notre force d'attraction.**

Les mots, et même plus, les pensées, car en un instant un mot va résonner dans notre être, nous apporter des images et des sensations, sans la moindre attente.

Tout dans l'instant, tout dans le présent, tout dans l'immédiat.

Pensez à :

- Joie
- Rire
- Amour
- Détente

Laissez simplement **un de ces mots ou tous à la fois vous apporter ce qui vous appartient.** Certains peuvent se dire que l'amour rappelle des maux et des douleurs d'une relation.

Mais cela reste une notion intellectuelle, voire de souvenir (donc plus subconsciente) du mot. Ce n'est pas la nature du mot.

Recommencez à répéter un mot encore et encore, et laissez l'écho, l'image, la sensation, **s'éveiller, se diffuser**, sans nos filtres. Laissez le mot vous apporter sa substance vibratoire primitive.

Testez avec Amour, répétez 20 fois Amour, en accueillant ce que ces quelques lettres vous apportent, sans histoire, avec leur simple existence.

Redonnez la place juste à cette force du verbe, de la pensée 'primitive' de la pensée d'attraction immédiate.

Chapitre 26 : L'attraction pour influencer les autres

Nous sommes beaucoup dans une dynamique de partage, d'aide et très souvent nous avons **envie de choses pour les autres,** pour nous avec les autres.

Il arrive certaines fois que nous fassions des demandes à l'Univers concernant une personne que nous souhaitons voir interagir dans notre vie. **Nous attendons que nos vœux influencent les personnes.**

Seulement, l'Univers étant 'parfait', il y a peu de chance qu'**il impose quoi que ce soit à une personne** si cela n'est pas dans le chemin de ce dernier.

Quand nous interagissons avec cette force, il est important que nous pensions que **nous attendons un résultat positif pour nous**, pour les gens que nous aimons **sans que nos vœux n'interviennent à mauvais escient dans la vie d'autrui.**

Dans des attentes de changements de situation, nous attendons trop souvent qu'une personne change de point de vue ou de comportement, et nous ne sommes plus en position d'**attente positive.**

Nous ne sommes plus non plus dans **la capacité de recevoir** ou de nous rendre compte que peut être l'objectif de fond a été atteint, seulement dans **une forme différente.**

Il y a peu de temps, on m'a rappelé une chose importante. On ne doit pas penser au contrat que l'on veut signer ou au rendez-vous que l'on doit réussir, mais plutôt à ce que nous allons **faire dans le futur quand tout sera réglé**, dans le meilleur des sens.

Prenez soin de vous et prenez du temps pour définir vos objectifs.

Chapitre 27 : L'attraction des mots sur notre être

Comme de nombreuses personnes, j'ai beau connaître quelques notions de l'attraction, je n'en reste pas moins un gaffeur.

En effet combien de fois par jour j'utilise des mots ou des phrases plutôt négatives à mon propos.

Certes, l'habitude d'effacer la plupart de mes mots, quand je m'entends les prononcer, reste une façon ludique de me corriger.

Cependant je m'interrogeais sur la notion toltèque : **que ta parole soit impeccable.** Vu comme ça, je sais que ma parole ne l'est pas...

Admettons cet accord. Je me suis posé la question de savoir quelles étaient les raisons pour que dans toutes les civilisations, de tout temps, nous croisons cette idée. En substance ne dit pas de choses négatives, désagréables, blessantes...

Un ami m'a envoyé la philosophie du Dalaï Lama, qui se résumait à la gentillesse.

Avouons que nous ne le sommes pas toujours et même si nos façades, bien souvent hypocrites, montrent de la gentillesse, en nous les mots fusent....

Combien de fois avons-nous attendu qu'une personne s'absente pour dire des choses négatives dessus ? Combien de fois nous sommes-nous dit : ' quel sal..., quel c..' ?

Jusqu'à présent je comprenais la notion de **soit gentil et le ciel t'aidera**... Seulement il me manquait une clef pour ma compréhension.

Nous avons compris l'attraction qui **attire ce que l'on pense**... Très bien, seulement dire qu'une personne est c... Où est le problème ? Si nous ne la voyons qu'une fois, je ne captais pas l'essence de la loi.

Et c'est en regardant de nouveau l'expérience de Emoto avec le riz, que ça m'a fait tilt.

Quand nous envoyons une intention négative sur du riz nous voyons qu'il pourrit, se dégrade.

À l'inverse quand c'est positif il se maintient dans de meilleures conditions.

Quand nous insultons, maugréons, ou avons une intention négative vis-à-vis d'autrui, nous envoyons de mauvaises choses à l'autre, seulement **la première personne qui reçoit de plein fouet l'intention, le verbe... C'est nous.**

Nous attirons en réponse immédiate... **l'impact de notre intention.** Nous sommes constitués d'eau, et l'eau réagit à l'intention pouvant pourrir ou faire vivre différents corps.

Notre parole impeccable entraîne de belles vibrations en nous, dans notre corps et dans notre esprit. En plus elle se diffuse dans l'autre pour apporter du bien.

Cette idée de prendre attention à ce que l'on dit ou pense est en réalité **une marque d'amour pour nous-mêmes puis pour les autres.**

Chapitre 28 : Donner et Recevoir

Il y a dans l'attraction cette notion de gratitude sur laquelle nous nous sommes déjà focalisés.

D'ailleurs je vous conseille un article de mon ami JS sur son blog : http://www.snap-hypnosis.com/2013/11/gratitude-non-ce-nest-pas-un-gros-mot/

Une autre notion qui n'est pas toujours abordée dans l'attraction, est celle de donner. Le **donner juste** pour être plus précis. Apprendre à laisser cette force intérieure à **partager ou offrir** une partie de nous, un moment, un instant.

Il n'est pas nécessaire d'être dans un don constant envers les autres, plutôt d'apprendre à écouter les situations, les besoins, NOS besoins et ceux vers qui le partage peut se faire.

L'Univers est abondance, la vie est abondance, **le cœur de l'Homme est abondant**. Nous sommes tous capables d'offrir **un sourire, un mot gentil, du réconfort**. Le plus surprenant c'est que **nous pouvons le faire à l'infini,** sans que cela ne devienne difficile.

Attention, je parle de don et *pas d'oubli de soi*. Donner comme pour faire de la place à l'accueil de cette abondance de vie. Sur ce chemin du partage, *vous libérez de la place pour recevoir davantage.*

Est-ce que le fait d'offrir un instant à une personne en difficulté pour l'aider à ramasser son sac, à traverser la route, à écouter ces maux, ne vous offre-t-il pas de satisfaction ?

Nous avons toujours quelque chose à offrir, toujours de quoi donner. Ne vous méprenez pas, ce n'est pas tout lâcher aux autres pour oublier ses besoins, c'est plutôt **rétribuer ce que vous avez déjà SUFFISAMMENT pour vous.**

Si vous avez très faim, qu'un sandwich à la main vous voyez un sans abri, prenez ce qu'il vous faut pour caler votre faim et partagez le reste. Apprenez à **redécouvrir** ce qu'il vous faut réellement.

Les lois de l'attraction sont liées à un développement personnel. Comme nous l'avons déjà vu, apprendre à définir un objectif possible et réalisable est une démarche intérieure.

Il en est de même avec **le don juste**. Nous apprenons à nous écouter et à offrir ce qui nous semble bon pour l'équilibre de cet acte.

Prenez le plaisir de quotidiennement donner des petites choses : une parole apaisante, un regard plein d'amour, un geste tendre, un geste soutenant, un instant d'écoute, un petit rien à des inconnus et aussi aux êtres que vous portez dans votre cœur.

Devenez un donneur authentique, pour vous, pour les autres, pour ouvrir à l'univers de la place pour également donner. La nature a horreur du vide, en donnant vous ne vous videz pas, **vous laissez de l'espace à remplir.**

Chapitre 29 : Nous donner à nous-même

Nous sommes dans un univers dans lequel nous souhaitons attirer de multiples choses dans nos vies, de l'amour, de la richesse, du bonheur, de la paix....

Durant les périodes de fête nous allons et venons dans des boutiques réelles ou virtuelles. Nous nous imposons un rituel pour offrir à ceux que l'on aime.

En cabinet, nous observons que c'est une période pendant laquelle les clients ne se sentent pas particulièrement bien. Outre le fait que, pour certains, cette période rappelle des douleurs d'un hier, d'autres **s'imposent de nombreuses contraintes pour faire 'plaisir'.**

Notre image, celle que nous souhaitons offrir à nos proches passe par ces quelques 'attentions' pour eux. Pourtant il n'y a que très peu de bonheur de l'offreur.

Noël me donne une image de ce que peut offrir l'attraction quand **nous ne sommes pas alignés avec nous.** Quand nous faisons des demandes au père Noël en attendant de recevoir des cadeaux.

Sans véritable accueil, sans plus de joie, parce que c'est comme çà, Noël c'est cadeaux, l'anniversaire c'est gâteau.

Pour autant, de nombreuses parties de nous peuvent se rebeller. À votre avis pourquoi un gâteau aux yaourts tout simple fait avec amour, peut vous sembler la meilleure pâtisserie du monde ? Parce que la personne qui **nous l'a fait y a mis du cœur, de l'envie.**

Comme vous connaissez l'attraction, vous savez qu'une intention négative, ou plutôt une vibration basse (plutôt liée à des émotions désagréables), avant de sortir de nous, **résonne en nous.** Souvenez-vous l'idée de la mauvaise parole.

Quand faire des cadeaux devient un labeur, quelle énergie mettez-vous en vous-même, et dans le présent ? Quelle écoute vous offrez-vous ?

Un de mes meilleurs amis me disait qu'il faisait deux activités sportives et il y en a une qu'il fait **avec légèreté** comme si son corps avait un autre âge, un autre 'souffle', l'autre le pèse, il y va par 'devoir'. Est-ce que son être tout entier ne lui offre pas un message limpide ?

Je sais que beaucoup de choses nous sont contraintes, je sais que cela peut sembler difficile d'accueillir nos indicateurs. Vous savez, ceux qui nous disent : 'je n'ai pas envie, ça me soûle, fait ch...'

Je sais que nous ne pouvons pas toujours nous soustraire à cette pression extérieure par rapport à l'intérieur.

Par contre quand il s'agit de moments qui se veulent être choisis, comme les soirées, les dîners, les personnes que l'on va voir, les sports, les cadeaux... Ne pensez-vous pas qu'**il est respectueux pour vous,** qu'il est préférable dans notre dynamique d'attraction de s'offrir une vraie écoute.

La plupart des gestes 'contraints' manquent de cœur, de générosité, d'amour... Et avec ce type de pensées ou d'émotions vous souhaitez vous attirer cœur, générosité, amour...

Nous avons avant tout <u>le</u> devoir de nous écouter, même si l'accueil de ce qui est exprimé peut parfois être difficile.

Supplément E-book :

Mes Premiers Pas dans la loi d'attraction

Le Chesnay, Le 15 Janvier 2013

Ce petit ouvrage propose quelques bases concernant la loi de l'attraction..

Il n'y a ni dogme ni croyance à suivre dans ce livre. Je me propose juste de vous offrir quelques moyens mis en avant dans des films comme 'Le Secret' pour faire de vos vies, vos rêves.

Ce premier opus est gratuit et je vous propose de le partager avec vos amis.

Il se peut que malgré le soin apporté à ce livre vous trouviez des coquilles. N'hésitez pas à m'envoyer un mail, je le changerais au plus vite.

Prenez soin de vous, et surtout mettez en application pour ne croire qu'en vos expériences.

Pank

www.hype-n-ose.com
www.hno-mp3-hypnose.com

Que représente la loi de l'attraction ?

Nous pouvons symboliquement exprimer cette loi comme **une porte d'accès à notre réussite et notre bien être.**

C'est un **processus mental et physique** pour faire en sorte d'attirer à nous ce que nous souhaitons.

Il me semble intéressant de l'étudier pour apprendre à nous corriger dans nos attitudes mentales et de nous rendre compte que nous sommes capables de beaucoup de choses.

A qui s'adresse cette méthode ?

La réponse est simple, tout le monde peut l'appliquer. Il vous suffit de mettre en place les différentes étapes proposées. La chose la plus importante à apprendre sera de **faire confiance.**

Est-ce que ça marche à tous les coups ?

Demandez autour de vous à ceux qui ont déjà appliqué la méthode. Vous aurez des réponses mitigées. C'est à mes yeux, une **attitude mentale** qui s'apprend et s'affine. Il y a donc au départ des échecs et des réussites. Ceux qui s'estiment maîtres de ce système pourront vous parler de leur réussite absolue.

Je ne suis pas des leurs pour le moment. Je partage simplement ce que j'ai appris. La seule limite est celle que l'on accepte.

Est-ce une loi 'magnétique' ?

Je ne vais pas entrer dans un discours physique, je n'en ai pas les compétences. En revanche, à l'inverse de la loi physique des 'opposés s'attirent', que l'on constate avec la polarité des aimants par exemple, la loi de l'attraction, elle, fonctionne sur le principe **'d'attraction des pôles similaires'**. Une facette négative attirera du moins, une facette positive attirera du plus.

Peux-tu donner un exemple ?

Si vous pensez à un problème qui vous ronge, plus vous y pensez et plus vous allez vous monter des films de plus en plus complexes, n'est-ce-pas ? Il est rare que vous le transformiez instinctivement du négatif en positif. **Une pensée négative attire des pensées négatives**

Vous devenez donc acteurs de vos pensées.

Quel est le premier principe ?

C'est le principe des pensées. Aujourd'hui il y a de fortes chances que vous ne contrôliez pas du tout vos pensées, n'est-ce-pas ?

Vous avez des pensés positives, puis vous entendez quelque chose qui vous donne des pensés négatives. Rien n'est fixé, et votre esprit attire de tout au gré de votre quotidien.

Si vous fixez **vos pensées vers un objectif**, vous commencez à les maîtriser. Donc comme le positif attire le positif, vos objectifs positifs apporteront des conséquences positives.

Attention, il arrive souvent que les conséquences positives ne prennent pas la forme que nous attendions.

Les pensées attirent-elles des conséquences ?

On dit qu'au commencement était le verbe. Il y avait sûrement avant le verbe : la pensée. N'importe quelle invention est partie d'une idée pensée par son créateur. La pensée entraîne toujours une dynamique de conséquences.

Y a-t-il différents types de pensées ?

Il y a deux catégories de pensées :
- Les **dominantes** qui impactent notre vie et toutes nos décisions.
- Les **non dominantes** qui restent très superficielles. Nous travaillons principalement sur les pensées dominantes.

Dans quelles conditions doit-on travailler nos pensées ?

Il y a une condition plus appropriée qui est **l'état en Alpha**. C'est l'état que vous obtenez quand vous visualisez, méditez, sophronisez, hypnotisez...

Mettez-vous simplement au calme, concentrez-vous quelques minutes sur votre respiration et vous allez sentir un relâchement mental et physique, vous serez en Alpha. Si vous êtes à la bonne fréquence vous captez les bonnes ondes.

Me suffit-il simplement de penser pour attirer à moi tout ce que je veux ?

Il y a un élément majeur à garder en tête : La détermination. **C'est un mélange de temps et d'actions.**

Je dois donc avoir des objectifs ?

Vous devez avoir des objectifs et surtout **indiquer clairement ce que vous souhaitez**. Trop de personnes peuvent parfaitement vous dire **ce qu'elles ne veulent pas**. C'est une erreur, concentrez-vous sur ce que vous attendez de votre démarche.

Puis-je tout avoir rapidement ?

Vous pouvez avoir de véritables miracles. Par contre, la vie prend parfois son temps. Simplement parce que nous ne sommes pas prêts ou pas capables de le voir. C'est pour cette raison que je précise bien que c'est **une démarche personnelle** de changement de soi.

Que dois-je faire alors ?

Il faut **répéter la démarche** de penser vers votre objectif avec détermination, très régulièrement. Vous connaissez l'adage qui dit ' Prends garde à ce que tu penses de peur que cela ne t'arrive ?' Cela advient souvent parce que nous répétons sans cesse des choses en nous, qui attirent des événements.

Je connais des tas de choses sur la Loi de l'attraction, pourtant ça ne marche pas !

Bonne nouvelle, vous n'êtes pas seul. Vous devez commencer **le processus de dés-apprentissage.** C'est simple, nous sommes pleins de **croyances limitantes.** Que ce soit notre éducation, la science, la religion, ou le dernier programme de Arte, nous sommes pleins de convictions emprisonnantes.

Le fait même que je vous expose cela est une de mes croyances limitantes qui n'admet pas encore qu'on ne puisse pas en avoir.

Et comment je désapprends ?

En faisant la chasse à vos pensées, celles qui ne vous apportent pas de satisfactions, celles qui vous brident. Après les avoir chassées, vous en intégrez de nouvelles qui vous conviennent mieux.

Personne n'a plus raison d'estimer que la Joconde est plus belle que le Cri. Choisissez ce qui vous convient.

J'ai l'impression que je suis plein de pensées négatives !

Nous avons, pour beaucoup d'entre nous, été éduqués par une culture Judéo-Chrétienne de souffrance. Cela marque nos conceptions et nos pensées. Si nous pensons, **abondance, bonheur, jouissance, extase, réussite** nous sommes de vils personnages.

Pourtant vous êtes capable de **transformer ce cycle de pensées** et de vous en proposer un nouveau. C'est à vous de mettre en place ce nouveau prisme de vie.

Attention, le changement personnel impacte tout le monde autour de vous, si vous changez vous imposez le changement aux autres, qui eux n'ont rien demandé...

C'est long parfois..

Le temps est un ami, il nous permet de pouvoir **ré-évaluer notre façon** de penser et nous remettre en leader de nos pensées, pour qu'elles correspondent à un cycle positif.

Alors, toute cette loi, c'est juste de la pensée ?

Maintenant que vous comprenez l'apprentissage que vous mettez en place, vous allez pouvoir y associer un élément complémentaire : **les émotions**.

Si vous pensez sans que cela soit appuyé par une émotion positive, ou si vous le faites comme un 'devoir' avec une émotion lasse, vous n'obtiendrez pas la bonne fréquence pour entrer en contact avec 'l'univers'.

Mes deux premières clefs sont Pensées et Émotions ?

Exactement, un de mes professeurs explique que c'est **une paire inséparable**.

Si vous pensez à une chose grisante, vous allez construire en vous l'émotion qui en découle.

Plus vous maîtrisez vos pensées... plus vous maîtrisez vos émotions... et vous attirez donc des émotions agréables et positives.

Je suis donc responsable de toutes ces émotions négatives ?

Oui, pour qu'elles adviennent vous avez dû **penser à des déclencheurs**, et comme le négatif a un effet boule de neige, vous ne ressentez plus que cela, et vous n'arrivez plus à attirer autre chose.

Les émotions sont un excellent indicateur de vos pensées, alors prenez-les avec affection, cela vous aide à vous améliorer.

Comment faire pour changer cela ?

Reprenez le contrôle de vos pensées, imposez-vous de voir positif et de retrouver des émotions agréables, tout cela en Alpha. N'oubliez pas, c'est l'état qui vous permet avant tout de vous détendre, et d'en finir avec cette auto critique constante.

Votre rôle est de **transformer le négatif en positif**. Voilà la force d'un pratiquant de la loi de l'attraction.

Et quand est-ce que l'univers répond à mes demandes ?

Dans un premier temps quand **vos pensées et donc vos émotions sont en symbiose**. C'est le pré-requis pour se 'connecter' à l'univers.

Je dois donc lutter contre le Négatif c'est ça ?

Oui, c'est le seul frein à ce que vous désirez. La plupart du temps vous observerez que personne ne se considère comme négatif.

En écoutant les gens parler, en les observant, vous pouvez facilement découvrir que nous sommes, pour beaucoup, dans des 'habitudes et expressions' négatives.
Nous n'en avons plus conscience et donc nous attirons du négatif qui confirme nos attitudes.

Que faire ?

Si vous êtes déjà à cette étape c'est que vous avez **repris 'conscience'** de vos schémas et que vous souhaitez les transformer.

Pour cela trouvez des **affirmations positives, des mantras de réussite**. C'est simple et vous vous les répétez avec conviction quotidiennement. Vous construirez **un nouveau programme**.

Et maintenant ?

Il vous suffit de **vous connecter à cet 'Univers'** positif et illimité. Vous faites vos demandes, vous le faites de manière claire, précise et courte.

Apprenez à le faire en Alpha, vous serez tellement en phase avec vous que tout sera plus simple.

Je fais cette demande et je peux aller me coucher ?

Oui seulement vous devez croire en ce potentiel, en cette force. **Croire et même plus fort 'savoir'** que cela va se passer. Vos demandes doivent **être des convictions de recevoir**. Surtout n'ayez aucune peur, vous avez mis en place tout ce qu'il faut.

Je dois croire en un Dieu ?

Absolument pas, il suffit de croire en 'votre potentiel sans limite', 'à la nature', 'à Dieu' si vous le nommez ainsi. Juste **croyez au potentiel infini** de choses positives dans ce monde. Et soyez **persuadé que vous allez recevoir.**

Je n'ai plus rien à faire ?

Vous avez un objectif donc **agissez** pour qu'il devienne votre réalité. La loi de l'attraction ne fonctionnera pas si vous restez passif. Tout est mouvement, vous devenez **le mouvement créatif de votre réussite.**

Et quand je vois que ça avance, que dois-je faire ?

Soyez **simplement empli de gratitude**. Remerciez ce monde, remerciez les personnes qui vous ont aidé. N'hésitez pas à **partager** vos succès, vos réussites, l'Univers et votre connexion se nourrissent de positif.

Voici la fin de cet ouvrage. Je souhaite que ces bases simples pourront vous faire avancer sur le chemin de l'attraction.

N'hésitez pas à partager vos réussites, vos remarques et réflexions.

hno.attraction@gmail.com

Plus nous serons nombreux à travailler sur nous et plus nous offrirons un monde meilleur aux générations à venir.

Restons positifs dans notre capacité à être Homme.

Hype-N-Ose

Hype-N-Ose (HnO) est une association de pratiquants et de praticiens en Hypnose Elmanienne et Thérapies Brèves.

Notre but est de rechercher, développer, pratiquer et diffuser sur ces sujets.

Pour ce faire, nous utilisons plusieurs leviers : des formations, des cabinets ouverts, de l'Hypnose Urbaine, des livres, des audios...

Nous organisons des formations en Hypnose Classique Curative ainsi que des ateliers en thérapies brèves.

L'Hypnose Classique Curative est une discipline de synthèse et intégrative. L'hypnose est un vaste monde avec des écoles, des styles et des tendances.

Plus qu'un style, nous souhaitons intégrer, sur les bases communes de l'hypnose, une ouverture globale.

Nous organisons des cabinets ouverts, dans le but de faire découvrir l'aspect curatif au plus grand nombre.

Toutes les semaines nous organisons des sorties « Hypnose Urbaine ». Nous y invitons des praticiens mais aussi des amateurs.

Le but étant de faire connaître, dans un autre contexte que le soin, ce qu'est l'Hypnose.

Cette expérience humaine est extraordinaire. Nous pouvons dissiper les à priori et faire vivre des expériences agréables aux passants.

Vous pouvez trouver plus d'informations sur ce que nous mettons en place sur : www.hype-n-ose.com

Nous avons mis en place un site de Mp3 d'Hypnose pour faire vivre des micros séances. Vous trouverez des informations sur :
www.hno-mp3-hypnose.com

Si vous souhaitez nous rencontrer, échanger, partager, n'hésitez pas à nous contacter :

Mail : hype.ose@gmail.com
YouTube / Twitter / Facebook : Hype-N-Ose

Liste de Praticiens Hype-N-Ose

Nom : Christophe Pank (Certifié HnO)
Ville : Le Chesnay (78) / Aix les Bains (73)
Site Web : www.delta-bien-etre.com
Contact : 06-62-30-45-17

Nom : Elodie Cassar (Certifiée HnO)
Ville : Senlis (60)
Site Web : www.hypnose-senlis.com
Contact : 06-522-502-95

Nom : Js Op De Beeck (Certifié HnO)
Ville : Bruxelles, Belgique
Site Web : www.congruence-therapie.be
Contact : js.opdebeeck@gmail.com

Nom : Pierre Yves Hamel (Certifié HnO)
Ville : Jouars Ponchartrain (78)
Contact : pyroeclips@hotmail.com / 06-89-21-67-93

Nom: Irène Cazanave (Certifiée HnO)
Ville : Paris (75)
Site Web : www.lemondetvous.net
Contact : 06-34-20-21-56

Nom : Cecile Noll

Ville : Férolles Attilly (77)

Site Web : http://www.hypnoseineetmarne.com

Contact : 06-09-79-62-28

Nom : Kerstine Koppers (Certifiée HnO)

Ville : New Jersey

Tristan Carmona (Certifiée HnO)

Ville : Narbonne(11)

Contact : 06-76-04-43-18

Nom : Emmeline Barré-Minos (Certifiée HnO)

Ville : Paris

Contact : 07-81-20-70-64

Nom : Django Gassama

Ville : Lognes (77)

Site Web : http://coach-in-mental.jimdo.com

Contact : 06-89-10-92-46

Nom : Jimmy Huvet

Ville : Paris (75)

Site Web : http://hypnotherapie-coaching.vpweb.fr

Contact : 06-03-34-82-68

Passez sur notre site internet pour les mises à jour

http://www.hype-n-ose.com/ou-trouver-un-praticien-hno/

Du même Auteur Chez HnO Edition

www.hno-edition.com

Hypnose Classique Curative / 'Je pouvais mais Je n'avais pas envie' :

Vous êtes tous des hypnotiseurs depuis votre naissance. Que ce soit dans vos relations familiales, amoureuses... Nous sommes constamment dans des rapports hypnotiques. Ce superbe outil n'est pas la panacée de certains "élus". Vous êtes capables de comprendre et d'appliquer l'hypnose au quotidien dans votre vie, très rapidement. Ce livre vous présente un autre chemin de découverte et de compréhension de ce qu'est l'hypnose.

Bases Simple de l'Auto Hypnose / 'Je Veux et Je Peux' :

L'Auto Hypnose est un outil puissant qui est à la portée de tous. Vous êtes possesseur d'une capacité exceptionnelle pour changer votre vie et atteindre vos objectifs. Mettez en place votre programme personnel pour devenir acteur de votre vie. L'Hypnose VOUS appartient.

Hypnose et Régressions / 'Cette Vie Avant' :

Depuis l'émergence des méthodes issues du Nouvel Age, les méthodes et protocoles se sont développés pour faire découvrir les vies antérieures.

Le monde de l'Hypnose a également mis en place des techniques de régressions dans l'optique de découvrir l'origine de comportements pour leurs consultants.

Il faut l'admettre, pour de nombreuses personnes, cela relève de la sorcellerie et autres pensées "païennes", dans l'expression moderne de la science. Dans le cadre de l'Hypnose et de nombreuses thérapies brèves, il est courant que le praticien en vienne à travailler sur cet aspect. Cette démarche est rarement 'métaphysique' et la recherche est plutôt de laisser le subconscient, qui enregistre tout depuis notre naissance, retrouver des éléments importants d'un traumatisme.

Découvrez l'Hypnose Urbaine (Hypnose de Rue):

Cet ouvrage a pour but de vous faire découvrir une facette de l'hypnose qui n'est pas mise en avant dans nos médias. L'Hypnose Urbaine, une hypnose qui va au contact des passants dans la rue...

Hypnose et Ésotérisme / 'Si tout n'était qu'une suggestion' :

Ne vous êtes-vous jamais demandé comment les médiums et les magnétiseurs font ? Est-ce que c'est une réalité ? Comment pourrait-on expliquer cela ? Dans ce livre vous verrez une explication 'possible' des phénomènes, expliquée par le filtre de l'Hypnose.

Hypnose sur les Enfants / 'Comme un jeu d'Enfant :

Les enfants ont aussi leurs troubles et problèmes. L'Hypnose est un outil extraordinaire pour leur permettre de transformer leurs maux dans une dynamique ludique.

Hypnose et Parents / 'L'éducation d'un Savoir' :

Les parents se demandent souvent comment faire mieux dans l'éducation de leurs enfants.

Les disciplines de développement personnel, travaillant sur l'unité du conscient et du subconscient, permettent de trouver des outils simples à mettre en place pour mieux communiquer, mieux comprendre et aider ses enfants.

Vous trouverez dans cet ouvrage des techniques issues de différents courants qui pourront transformer votre façon d'aborder vos enfants et les aider à se sentir mieux dans la vie.

CrossTherapy :

Si ce monde n'était qu'une succession de Transes. Cet état de connexion entre diverses parties de nous. Si comme l'expriment de nombreuses civilisations nous étions dans un sommeil. Une Transe qui nous empêche de nous éveiller comme il le faudrait. Et s'il suffisait de trouver la voie qui ferait muer notre être.

La CrossTherapy est un Système qui se base sur les Transes et leurs capacités infinies pour nous faire avancer, évoluer et comprendre.

Au travers de ce premier volume, vous y découvrirez le concept initial. La base de cette façon d'aborder l'aide à la personne.

Prendre ce qui semble le plus juste et mettre de côté ce qui ne l'est pas. Non pour le praticien, mais pour le client qui pourra apprendre de ses propres possibilités.

Hypnose H-Ultra Ou Hypnose Profonde :

L'Hypnose H-Ultra est une hypnose particulièrement profonde, que l'on retrouve plus spécifiquement dans l'Hypnose Elmanienne. Pouvoir entraîner ses partenaires ou clients dans un niveau de transe au delà du Somnambulisme hypnotique.

Il est alors possible d'obtenir des résultats extraordinaires, en offrant dans ce contact unique avec le subconscient, une prise de responsabilité pour son propre mieux être.

Dans cet ouvrage vous découvrirez comment entraîner vos clients : - En Niveau Esdaile - En Niveau Abysse - En Niveau Évolution Découvrez cet outil supplémentaire pour vos séances. Visionnez les vidéos sur www.hypnose-ultra.com

Laboratoire Hypnose Volume 1

Le Laboratoire Hypnose est le lieu de réflexions dans lequel Pank vous invite à partager ses recherches sur le monde des Thérapies Complémentaires.

Vous retrouverez dans cet ouvrage une synthèse des sujets traités régulièrement par l'auteur : - Réflexions sur les Fondements de L'Hypnose - Réflexions sur Nous, Thérapeutes. - Réflexions Diverses - L'Hypnose H-Ultra ou l'Hypnose Profonde - L'Hypnose et L'Ennéagramme Laissez-vous porter dans ces partages

CT Energetics : Magnétisme et Transes

En CrossTherapy, la partie qui touche tout ce qui est magnétisme et transe porte le nom de CT Energetics.

Nous avons tous le potentiel d'apaiser les maux et les douleurs avec nos mains et notre intention.

Dans cet ouvrage vous découvrirez des systèmes très simples comme les Points Cosmos ou le Contact Connexion Touching qui vous permettront en quelques minutes d'apprentissage, d'obtenir des résultats surprenants.

Vous comprendrez comment vos transes et celles de vos partenaires sont des points merveilleux pour utiliser ce qui se cachent en chacun de nous.

Disponible sur Amazon et sur le Site Lulu.com

www.ingramcontent.com/pod-product-compliance
Lightning Source LLC
Chambersburg PA
CBHW070156290526
45789CB00002B/799